Michael Heinen-Anders
Mein Leben als unkonventioneller
Wirtschaftswissenschaftler

Herstellung und Verlag: BoD – Books on Demand, Norderstedt

ISBN **9783755740926**

Inhaltsverzeichnis

Mein Leben als unkonventioneller Wirtschaftswissenschaftler

Anfänge

Ausgestattet mit einem mittelmäßigen Realschulabschluss ging ich in das Berufsleben hinein. Mein äußerst gewalttätiger Vater zwang mich zu einer kaufmännischen Berufsausbildung, die ich dann bei der W.E. Saarbach GmbH in Köln im Jahre 1976 denn auch begann, obwohl ich eigentlich viel lieber weiter zur Fachoberschule (Richtung Sozialarbeit/Sozialpädagogik) gehen wollte.

Meine ersten Erfahrungen mit der Wirtschaftswissenschaft hatte ich dann als Berufsschüler für den Beruf des Groß- und Außenhandelskaufmannes im Buchhandel.

Dort erlebte ich bereits eine anfängliche Faszination für die Volkswirtschaftslehre, als einer (vermeintlich) exakten Wissenschaft. So erschienen mir Phänomene, wie die Philippskurve (das Verhaltnis von Inflation zu Arbeitslosigkeit), als anfänglich plausibel. Auch die Gossen'schen Gesetze (die Theorien zur Bedürfnisbefriedigung) erschienen mir anfänglich überzeugend zu sein. Erste Orientierung bot mir dabei ein Lehrbuch der VWL für Berufsschulen.[1]

Nach Abschluß der Berufsausbildung arbeitete ich dann im Bucheinzelhandel und las in dieser Zeit (ca. 1979) bereits Schriften und Vorträge Rudolf Steiners, so zunächst „Wendepunkte des Geisteslebens" und sodann „Aus der Akasha-Chronik" (und von da ab die ganze Reihe der Grundwerke Rudolf Steiners). Da die Buchhandlung schließlich verkauft wurde, war ich rasch wieder arbeitslos.

Ich begann daraufhin mittels des „Zweiten Bildungswegs" mit einer erneuten Schullaufbahn auf einer Fachoberschule für Wirtschaft. Dort faszinierte mich das Fach VWL erneut. Zunächst widmete ich meine Aufmerksamkeit dem Theaterspielen, in einer Theater AG der Schule. Dabei vergaß ich dann das Lernen für die eigentlichen Hauptfächer, so dass ich das Jahr (Klasse 12) wiederholen mußte. Dennoch regte mich bereits der Unterricht in VWL und Politik (bei Dr. Klaus Kirschbaum) an, sehr kritisch über die vorherrschende VWL (und auch BWL) zu denken. Erst Jahre später fand ich meine damaligen, frühen Auffassungen dann bestätigt durch die Fachbücher des VWL und BWL-Professors Dr. Christian Kreiß.[2]

---

[1] Vgl. Scholz/Heinen/Hagemann: Volkswirtschaftslehre – Grundzüge und Probleme der Volkswirtschaft, Verlag H. Stam GmbH, Köln-Porz 1975

[2] Vgl. z.B. Christian Kreiß: Das Mephisto-Prinzip in unserer Wirtschaft, Tredition Vlg., Hamburg 2019 und Christian Kreiß/Heinz

Bei dem Fachlehrer Herrn Schlesinger erfuhr ich vieles über Theorieansätze der VWL, und bei dem Fachlehrer für Mathematik, Herrn Welsch, erfuhr ich einiges über deren Quantifizierung und Verifizierung. Schließlich wurde ich, gemeinsam mit einer Mitschülerin, beauftragt, in Form eines schriftlichen Referates über die Wachstums- und Beschäftigungstheorie die Sicht der VWL auf Wachstum und Beschäftigung vorzustellen. Als eine der Grundlagen nutzte ich das einführende VWL-Lehrbuch von Bernhard Gahlen (und weiteren Autoren).[3] Da ich damals bereits auf „Grünen-Kurs" orientiert war, nahm ich in das Referat[4] auch bereits Ansätze der Grünen[5] und aus der SPD (von Erhard Eppler) auf, welche durchweg wachstumskritisch waren. Benotet wurde diese Arbeit mit einer glatten 2.

Schließlich war die Fachhochschulreife erreicht und ich erwarb in Wuppertal studienbegleitend denn zudem

---

Siebenbrock: BWL – Blenden – Wuchern – Lamentieren – Wie die Betriebswirtschaftslehre zur Verrohung der Gesellschaft beiträgt, Europa Verlag, Berlin – München – Zürich – Wien 2019,

[3] Vgl. Gahlen/Hardes/Rahmeyer/Schmid: Volkswirtschaftslehre – Eine problemorientierte Einführung, J.C.B. Mohr Vlg., Tübingen 1982 – und vgl. auch die „Gegenschrift": Frankfurter Gruppe Ökonomie: Kritik der Volkswirtschaftslehre - >>Anti-Gahlen<<, Vlg. der Bildstelle der J.W. Goethe-Universität Frankfurt am Main, Frankfurt a.M. 1976

[4] Gisela Müller/Michael Heinen: Notwendigkeit oder Gefahr der Wachstumspolitik (unveröffentlichtes Manuskript), Köln 1982

[5] Vgl. z.B. Wilfried Heidt (Hg.): Abschied vom Wachstumswahn, Achberger Vlg., Achberg 1980

noch die Fachgebundene Hochschulreife (also eine Stufe höher als die Fachhochschulreife).

Beginn des Studiums

In meinem Studium an der Universität-Gesamthochschule Wuppertal hatte ich im Grundstudium die Dozenten Dr. Baisch (VWL) und Dr. Ridder (BWL), beider Lehrveranstaltungen waren sehr aufschlußreich und förderten ungemein das kritische Denken.

In VWL orientierte ich mich vor allem anhand der Kurzlehrbücher von Helmstädter und anhand des Lehrbuches der beiden Kanadier Dernburg und McDougall[6] sowie anhand der Wert- und Preislehre von Hofmann.[7]

Ferner las ich bereits rasch Schriften und Aufsätze der anthroposophischen Wirtschaftswissenschaftler Hans-Georg Schweppenhäuser[8] und Benediktus Hardorp[9].

Dazu kam dann noch das nationalökonomische Werk Rudolf Steiners.[10] Sowie dessen „Kernpunkte der sozialen Frage".[11]

---

[6] Thomas F. Dernburg/Duncan M. McDougall: Lehrbuch der Makroökonomischen Theorie, Gustav Fischer Vlg., Stuttgard 1981
[7] Werner Hofmann: Sozialökonomische Studientexte Band 1: Wert- und Preislehre, Vlg. Duncker & Humblot, Berlin 1971
[8] Vgl. z.B. Hans-Georg Schweppenhäuser: Das kranke Geld, RADIUS-Vlg., Stuttgart 1971
[9] Vgl. z.B. Benediktus Hardorp: Arbeit und Kapital als schöpferische Kräfte, Universitätsverlag Karlsruhe, Karlsruhe 2008

Für BWL las ich vor allem Schriften von Edmund Heinen[12], Erich Gutenberg[13] und Ekkehard Kappler[14] sowie das Buch „Die Wirtschaft"[15] und weiteres[16].

Mitte des Studiums

In einer interdisziplinären Veranstaltung (BWL/VWL) konnte ich mir meine Themen relativ frei suchen. Dies mündete in einen Vortrag über die Grundlagen der anthroposophischen Wirtschaftswissenschaft. Dort zitierte ich eingangs aus „Wahrheit und Wissenschaft" von Rudolf Steiner, um sodann auf Schriften von Benediktus

---

[10] Vgl. Rudolf Steiner: Nationalökonomischer Kurs/Nationalökonomisches Seminar, Rudolf Steiner Vlg., Dornach 1996

[11] Vgl. Rudolf Steiner: Die Kernpunkte der sozialen Frage in den Lebensnotwendigkeiten der Gegenwart und Zukunft, Rudolf Steiner Vlg., Dornach 1973

[12] Vgl. z.B. Edmund Heinen: Industriebetriebslehre. Entscheidungen im Industriebetrieb, Gabler Vlg., Wiesbaden 1991

[13] Vgl. z.B. Erich Gutenberg: Grundlagen der Betriebswirtschaftslehre, Band I: Die Produktion, Springer Vlg., Berlin – Heidelberg – New York 1976

[14] Vgl. z.B. Ekkehard Kappler: Brauchen wir eine neue Betriebswirtschaftslehre? Vorbemerkungen zur kritischen Betriebswirtschaftslehre. In: Koubek/Küller/Scheibe-Lange (Hg.): Betriebswirtschaftliche Probleme der Mitbestimmung, Bund-Vlg., Köln 1980, S. 177 - 201

[15] Werner Kirsch/Ingolf Bamberger/Claus C. Berg/Wolfgang Weber: Die Wirtschaft – Einführung in ihre Entscheidungsprobleme, dtv, München 1978

[16] Vgl. z.B. Sönke Hundt: Zur Theoriegeschichte der Betriebswirtschaftslehre, Bund-Vlg., Köln 1977 sowie Hartmut Wächter: Einführung in das Personalwesen, Vlg. NWB, Herne – Berlin 1979

Hardorp[17] sowie von Hans-Georg Schweppenhäuser[18] aufmerksam zu machen.

Dieser Vortrag war ein voller Erfolg und ich entschloß mich zu einer entsprechenden Hausarbeit „Kapitalneutralisierung als Dreigliederungsaufgabe", welche mit einer 2+ bewertet wurde, und die erheblich später – geringfügig erweitert – denn auch als Buch, zunächst im Selbstverlag, und sodann bei Books on Demand (BoD), Norderstedt[19] erschien.

Für diese Hausarbeit nutzte ich verschiedenste Quellen, u.a. auch Publikationen von Prof. Folkert Wilken und Prof. Ota Sik sowie verschiedene Aussagen von Rudolf Steiner und Joseph Beuys.

Für eine Klausur in VWL, die ausgerechnet an Karnevalsdienstag geschrieben wurde, bereitete ich mich mit Lektüre zu Güter- und Geldmarktsychronisation vor, ferner mit o.g. Studienlektüre. Doch was kam? U.a. auch das Thema Arbeitslosigkeit[20], mit dem ich mich fürderhin

---

[17] Benediktus Hardorp: Führung ohne Hierarchie? In: Der Wirtschaftsprüfer als Unternehmensberater. Festschrift für Max Horn, Süddeutsche Verlagsgesellschaft, Ulm 1974, S. 108 - 127

[18] Hans-Georg Schweppenhäuser: Macht des Eigentums, RADIUS-Vlg., Stuttgart 1970

[19] Michael Heinen-Anders: Kapitalneutralisierung als Dreigliederungsaufgabe – Eine interdisziplinäre betriebswirtschaftliche Studie, BoD, Norderstedt 2013

[20] Vgl. z.B. Zeichen der Zeit: Arbeitslosigkeit, Vlg. Freies Geistesleben, Stuttgart 1984 und Flensburger Hefte Nr. 62: Arbeitslosigkeit – Weg ins Ungewisse, Flensburger Hefte Vlg., Flensburg 1998 sowie Wolfgang Franz: Arbeitslosigkeit. In: Bernhard Schäfers/Wolfgang

noch öfters beschäftigen sollte. Die Klausur bestand ich nur knapp, mit 3,7 weil ich mich auf dieses Thema nicht vorbereitet hatte.

Schließlich hatte ich noch eine VWL-Hausarbeit für die interdisziplinäre Veranstaltung zu schreiben. Ich erhielt als Themenvorgabe: Max Weber. Dies nutzte ich dazu die auf Max Weber zumindest teilweise basierende Methodologie der VWL aufzugreifen und arg zu kritisieren. Daher erhielt ich auch nur eine 3+ für diese Hausarbeit, die ich später auch veröffentlichte[21]. Auch diese Hausarbeit basierte überwiegend auf Wachstums- und Sozialkritik[22] sowie auf Elementen der Wissenschaftstheorien.

Generell war ich als Ergebnis des Grundstudiums bereits ein Kritiker der neoklassischen volkswirtschaftlichen Theorien. Heute gibt es eine Vielzahl von Ansätzen, wobei mir der keynesianische Theorieansatz neben dem anthroposophischen Theorieansatz mit der die Realität treffendste zu sein scheint.[23]

Zapf (Hg.): Handwörterbuch zur Gesellschaft Deutschlands, Vlg. Leske + Budrich, Opladen 1998, S. 11 - 21

[21] Michael Heinen-Anders: Wertfreiheit als Methodenfrage. Kritik an Max Webers Thesen, Grin-Vlg., München 1984

[22] Vgl. z.B. Manfred Kannenberg-Rentschler: Bruttosozialprodukt – Meßlatte des Einheitsstaates. In: Zeitschrift BAUSTEINE, Freiburg i. Brsg. (1/1984)

[23] Vgl. z.B. Michael Heine/Hansjörg Herr: Volkswirtschaftslehre – paradigmenorientierte Einführung in die Mikro- und Makroökonomie, Oldenbourg Vlg., München 2013, S. 234ff und Georg F. von Canal: Geisteswissenschaft und Ökonomie – Die wert-, preis- und geldtheoretischen Ansätze in den ökonomischen Schriften Rudolf

Hauptstudium

Im Hauptstudium begann ich mit zwei Seminaren (und den entsprechenden Vorlesungen), einmal bei Prof. Peter Ulrich zur „Alternativen Ökonomie" über Betriebe in Selbstverwaltung.zum anderen bei Prof. Klaus Käutner zur Politischen Ökonomie, zu VWL und Ökologie sowie zur Wissenschaftstheorie.

Dies hatte mehrere Exkursionen zur Folge. Einmal mit Konrad Kulpok und Dieter Reinartz zu den Betrieben in Selbstverwaltung, ASH Krebsmühle, Blätterwald e.G. und der Ökobank e.G. – alle im Großraum Frankfurt gelegen.

Zum anderen mit allen Teilnehmern des VWL-Seminars zu „Himmlers Burg", der Wewelsburg[24] (dort befand sich auch eine Jugendherberge). Und dann noch eine weitere VWL-Exkursion (mit ausgewählten Teilnehmern) zu einer Veranstaltung mit Joseph Huber[25].

Steiners, Novalis Vlg., Schaffhausen 1992 sowie „Vollbeschäftigung ist möglich", Interview mit Prof. Karl Georg Zinn. In: Flensburger Hefte Nr. 62: Arbeitslosigkeit – Weg ins Ungewisse, Flensburger Hefte Vlg., Flensburg 1998, S. 48 - 77

[24] Vgl. z.B. Rüdiger Sünner: Schwarze Sonne – Entfesselung und Mißbrauch der Mythen in Nationalsozialismus und rechter Esoterik, Herder Vlg., Freiburg – Basel – Wien 1999, S. 103ff

[25] Vgl. z.B. Joseph Huber: Technokratie oder Menschlichkeit – Zur Theorie einer humanen und demokratischen Systementwicklung, Achberger Vlg., Achberg 1978 (Dissertation) sowie derselbe: „Wer soll das alles ändern?" – Die Alternativen der Alternativbewegung, Rotbuch Vlg., Berlin 1981

Die BWL-Exkursion führte schließlich zu einem Referat und einer anschließenden Hausarbeit zum Thema: „Selbstverwaltung als Organisationstypus", welche ich zusammen mit Dieter Reinartz erstellte[26] – und die mit einer glatten 2 bewertet wurde. Die Arbeit basierte auf organisationssoziologischen und betriebswirtschaftlichen Forschungen zur Natur der betrieblichen Selbstverwaltung[27].

Im Anschluß an diese Hausarbeit nahm ich noch an der Tagung „Alternative Finanzierungskonzepte" in Berlin teil.[28]

Gemeinsam mit Kai Dahlmann erstellte ich anschließend ein VWL-Referat und eine Hausarbeit zu dem Thema: „Zum Erfordernis eines ganzheitlichen Wissenschaftsverständnisses angesichts der Umweltkontroverse".[29]

---

[26] Dieter Reinartz/Michael Heinen-Anders: Selbstverwaltung als Organisationstypus, (unveröffentliches Manuskript), Wuppertal 1986
[27] Vgl. z.B. Eberhard Dülfer: Betriebswirtschaftslehre der Kooperative, Vlg. Vandenhoeck und Ruprecht, Göttingen 1984 und Marlene Kück: Alternative Ökonomie in der Bundesrepublik. In: Aus Politik und Zeitgeschichte, B32/(1985), S. 26 – 38 sowie Renate Mayntz: Soziologie der Organisation, Rowohlt TB, Reinbek b. Hamburg 1963 und Klaus Gretschmann: Wirtschaft im Schatten von Markt und Staat – Grenzen und Möglichkeiten einer Alternativökonomie, S. Fischer TB, Frankfurt a.M. 1983
[28] Vgl. Berg/Kück/Makowski (Hg.): Alternative Finanzierungskonzepte – Bestandsaufnahme – Konflikte – Modelle – Perspektiven, Stattbuch Vlg., Berlin 1986
[29] Kai Dahlmann/Michael Heinen-Anders: Zum Erfordernis eines ganzheitlichen Wissenschaftsverständnisses angesichts der Umweltkontroverse, (unveröffentliches Manuskript), Wuppertal 1987 – Vgl.

Dabei spielten sowohl die Systemforschung, als auch Habermas' Theorie des kommunikativen Handelns, neben Fritjof Capra und weiteren Theorieansätzen eine gewichtige Rolle. Die Hausarbeit wurde mit 1 bewertet.

Die anschließende Klausur bei Prof. Klaus Käutner ergab nur eine 2,3 – obwohl dies die bestbenotete Arbeit des entsprechenden Fachsemesters bei Prof. Käutner war.

Gegenstand der Klausur war insbesondere ein Vergleich der ökonomischen Ansätze von Karl Marx und von Max Weber.

Zwischenzeitlich war die Universität-Gesamthochschule Wuppertal in Bergische Universität Wuppertal umbenannt worden. Die Fachschaft für Wirtschaftswissenschaft hatte als neuen Namen der Universität Friedrich Engels Universität Wuppertal vorgeschlagen – aber dieses Votum hatte zum Glück keine Chance. Die Wiedervereinigung Deutschlands hatte zwar noch nicht stattgefunden, aber der Bankrott des „real existierenden Sozialismus" in Gestalt der DDR war doch bereits offensichtlich.[30]

---

auch z.B. Günter Hobbensiefken: Ökologieorientierte Volkswirtschaftslehre, Oldenbourg Vlg., München – Wien 1989
[30] Vgl. z.B. Rudolf Steiner: Entwicklungsgeschichtliche Unterlagen zur Bildung eines sozialen Urteils, Rudolf Steiner Vlg., Dornach 1963 und Rolf Henrich: Der vormundschaftliche Staat. Vom Versagen des real existierenden Sozialismus, Rowohlt TB, Reinbek b. Hamburg 1989

Die Diplomarbeit

Nachdem ich eine BWL-Klausur bei Dr. Heinze mit 1,0 bestanden hatte, ging ich die Bearbeitung eines Diplomarbeitsthemas an. Als Prüfer in BWL kam nur Prof. Meinzen in Betracht, da der Weggang sowohl von Prof. Ekkehard Kappler, als auch von Prof. Peter Ulrich kapazitätsmäßig eine Lücke in der Lehrstuhlbesetzung aufgerissen hatte.

Als Thema wählte ich mir „Selbsterfüllende und selbstzerstreuende Insolvenzprognosen als Ansätze zur Erklärung krisenverschärfenden Verhaltens".

Neben der Literatur zur Insolvenzprognostik spielte der Forschungsansatz von Paul Watzlawick[31] hierbei eine große Rolle. Interessanterweise half mir bei der Bearbeitung des Themas immer wieder die anthroposophische Literatur von Bernard Lievegoed[32] weiter, der mit „Or-

---

[31] Vgl. z.B. Paul Watzlawick/John H. Weakland/Richard Fisch: Lösungen – Zur Theorie und Praxis menschlichen Wandels, Vlg. Hans Huber, Bern – Stuttgart – Wien 1975 und Paul Watzlawick: Selbsterfüllende Prophezeiungen. In: Paul Watzlawick (Hg): Die erfundene Wirklichkeit, Piper Vlg. München 1985, S. 91 - 110
[32] Vgl. z.B. B. C. J. Lievegoed: Dem einundzwanzigsten Jahrhundert entgegen, Info3-Verlag, Frankfurt a.M. 1988 und Bernard Lievegoed: Der Mensch an der Schwelle, Vlg. Freies Geistesleben, Stuttgart 1986

ganisationen im Wandel"[33] ein fulminantes Werk zur Organisationsentwicklung vorgelegt hatte.[34]

Nachdem ich die Diplomarbeit am 31.10.1988 in vier Exemplaren abgegeben bzw. eingereicht hatte, dauerte die Benotung doch eine ganze Weile. Schließlich drang gegen Ende Dezember die Benotung 1,3 bei mir durch, der Erstprüfer hatte mir seine Note telefonisch mitgeteilt, doch ein Zweitprüfer mußte die Note noch bestätigen, was dann auch bis Ende Januar 1989 geschah. Ich hielt also am 25.01.1989 mein Diplomzeugnis als Diplom-Ökonom in Händen, mit dem glatten Notendurchschnitt 2,0.

Arbeitssuche auf dem „freien Arbeitsmarkt"

Während des Studiums hatte ich meine mir seit 1982 treu zur Seite stehende Lebensgefährtin geehelicht, zwei Töchter in Folge waren das Resultat dieser Beziehung.

---

[33] B. C. J. Lievegoed: Organisationen im Wandel. Die praktische Führung sozialer Systeme in der Zukunft, Vlg. Paul Haupt, Bern – Stuttgart 1974
[34] Heute heißt das Werk: Friedrich Glasl/Bernard Lievegoed: Dynamische Unternehmensentwicklung, Vlg. Paul Haupt/Vlg. Freies Geistesleben, Bern – Stuttgart 1993

‚Ich war also durch Vaterpflichten gehalten „Geld herbeizuschaffen".

Da eine Bewerbung bei der Post für den gehobenen Dienst, bei einem Wohlfahrtsverband, und auch eine Bewerbung bei einer öffentlich-rechtlichen Bank nicht zogen, trotz einer mündlichen Zusage bei letzterer, die aber schon recht bald wieder zurückgezogen wurde – offensichtlich zur Förderung innerbetrieblicher verwandtschaftlicher Beziehungen, wurde es so bald nichts mit einer festen Stelle.Ich mußte „auf dem freien Markt" weitersuchen.[35]

Befristete Verträge – das Imperium schlägt zurück

Schleichende Gewaltverhältnisse im Alltag machen den Menschen das Leben schwer.Dazu zählen auch die heute gängigen Fallen im Arbeitsrecht, damals noch die Ausnahme, doch heute in aller Munde. Es handelt sich um die berühmt-berüchtigten befristeten Arbeitsverträge, zu denen ein mir bekannter Professor für Personalwirtschaftslehre unter dem Stichwort „Entlassungen" heute bemerkt: „Kritisch ist anzumerken, dass von diesen

---

[35] Vgl. Bernd Guggenberger: Wenn uns die Arbeit ausgeht, Carl Hanser Vlg., München – Wien 1988 und „Das Hesse/Schrader Bewerbungshandbuch", Eichborn Vlg., Frankfurt a.M. 2000

Maßnahmen diejenigen Personengruppen zuerst betroffen sind, die schon während des Beschäftigungsverhältnisses benachteiligt wurden".[36]

Wie dem auch sei. Ich fand meine erste Stelle nach dem Studium als Abteilungsleiter für Filmsynchronisation in einer kleinen Filmfirma, nach einigen Tagen Probearbeit – und dem „dicken Ende", mit dem ich vorher gar nicht gerechnet hatte, mit einem in juristisch-spitzfindiger Manier formulierten Arbeitsvertrag mit Mehrfachbefristung. Dieser Vertrag wurde mir regelrecht aufgezwungen. Von einem durch freie Verhandlungen zustande gekommenen Arbeitsvertrag konnte mithin nicht die Rede sein.

Meine Aufgabe war auch insofern recht komplex, da der Bereich Filmsynchronisation eine Neuerung für das kleine Unternehmen[37] darstellte, und seine anfängliche Wettbewerbssituation eine recht schwierige war. Zudem mußte ein anderes Ton- und Synchronunternehmen dafür gemietet werden, was die „unique selling position", also die Wettbewerbsplatzierung[38] ziemlich schwierig machte.

---

[36] Hans-Gerd Ridder: Personalwirtschaftslehre, Kohlhammer Vlg., Stuttgart 2013, S. 121
[37] Vgl. Kalisch/Schoser/Jungermann: Betriebswirtschaft für Kleinbetriebe, Heyne TB, München 1974
[38] Vgl. z.B. Philip Kotler: Marketing-Management. Analyse, Planung und Kontrolle, C.E. Poeschel Vlg., Stuttgart 1982, S. 88ff

Nach wenigen Wochen stellte es sich schon heraus, dass der Seniorchef, der im Grunde gegen das Projekt war, sich mit dem Juniorchef der für das Projekt war nur selten abstimmte, so dass ich häufig entgegengesetzte Weisungen bekam. Was ich davon befolgte, konnte ich mir aussuchen, ich war auf jeden Fall „der Schuldige", wenn etwas schief ging.

Zudem stellte sich der Senior-Chef als ein Choleriker gröbsten Ausmaßes heraus. Somit kam ich zu der zweifelhaften Ehre, nach Ablauf der ersten Befristung zwar weiterbeschäftigt zu werden, doch ohne jene ausdrückliche Vereinbarung, die im Arbeitsvertrag eigentlich vorgesehen war. Der Vertrag war also juristisch gesprochen „schwebend unwirksam".

Daß ich unter solchen Arbeitsverhältnissen nicht wirklich meine Talente entfalten konnte – zudem drohte ein Magengeschwür – ist wohl kein Wunder. Also ließ ich mich krankschreiben und die Kündigung folgte auf dem Fuße.

Nun war ich also – nach etwas mehr als einem Jahr Berufserfahrung wieder „Arbeitslos".

Ich bewarb mich unter anderem auch auf eine wissenschaftliche Mitarbeiterstelle an der Bergischen Uni Wuppertal, von der ich als Absolvent gerade frisch gekommen war. Ich kam auch in die engere Wahl und hatte ein Vorstellungsgespräch bei einem Professor dieser Uni, den ich vorher nicht kannte. Nebenbedingung für die Bestenauslese war ein Referatstext, den ich privat erstellen sollte. Eine weitere Studienarbeit also, die ich später auch veröffentlichte.[39] Die These von Jeremy Rifkin[40], dass gerade ein starker tertiärer Sektor(Dienstleistungsbereich) geeignet ist, um die wegfallenden Beschäftigungsmöglichkeiten des Produktions- und Verwaltungsbereichs zu kompensieren, konnte für die ehemalige DDR bestätigt werden. Dieser Dienstleistungssektor fehlte in der DDR in vielen Bereichen fast völlig. Somit mußte ein noch erheblicheres Marktversagen für den Arbeitsmarkt der ehemaligen DDR vorhergesagt werden. Ergo: Massenarbeitslosigkeit.

Selbst die alte Bundesrepublik hatte bereits mit struktureller Beschäftigungslosigkeit, angesichts vieler Strukturbrüche (Kohle, Stahl und weiteres) zu recht zu kommen.[41]

Leider erhielt ich die Stelle nicht. Die „Chemie" zwischen mir und den anderen Doktoranden schien nicht zu stimmen.

---

[39] Michael Heinen-Anders: Theoretische ökonomische Probleme der Umwandlung der DDR in eine Marktwirtschaft. Retrospektive: Was konnte man vor einundzwanzig Jahren wissen?, Grin-Vlg., München 2011
[40] Vgl. Jeremy Rifkin: Das Ende der Arbeit und ihre Zukunft, Campus Vlg., Frankfurt a.M. – New York 1996, S. 189ff
[41] Vgl. z.B. Michael Grömling/Karl Lichtblau/Alexander Weber: Industrie und Dienstleistungen im Zeitalter der Globalisierung, Deutscher Instituts-Verlag, Köln 1998

Meine ergänzende Einschreibung für den Fachbereich Sozialwissenschaften verlängerte ich indes trotzdem – man konnte ja nicht wissen, was noch kommt.

Vom Beruf zur „Berufung" – ein neues Aufgabenfeld

Noch während meines Studiums lernte ich über eine eigene Gründungsberatung (für Existenzgründer, die ich zusammen mit einem Diplom-Informatiker betrieb)[42], welche mit Landesgeldern bezuschusst wurde, eine sogenannte „Projektentwicklerin/Projektberaterin" [43]des NETZ für Selbstverwaltung NRW e.V. in Köln kennen.

---

[42] Vgl. Dietrich Karnath (Hg.): Ich gründe ein Unternehmen – Kosten – Finanzierung – Rechtsform – Steuern – Organisation – Marketing, Cornelsen Scriptor Vlg., 1990 und Joachim Karnath/Irene Reifenhäuser/Dietrich Karnath: Wirtschaftswunder alternativ – Wie neue Formen des Wirtschaftens gefördert werden können, S. Fischer TB, Frankfurt a.M. 1987 sowie W.E. Barkhoff: Arbeitslosigkeit – Freiheit zur Arbeit. Eine Chance zum Umdenken. In: Zeichen der Zeit: Arbeitslosigkeit – Ursachen und Auswege, Vlg. Freies Geistesleben, Stuttgart 1984, S. 130 - 143

[43] Zum Stammkräfteprogramm NRW, aus dem diese Stellen über das MAGS NRW und die G.I.B. Bottrop refinanziert wurden, siehe z.B.: Hans-Joachim Petzold/Christoph Eckhardt/Per-Marcel Ketter/Anna Ramme: Soziale Beschäftigungsprojekte gegen Langzeitarbeitslosigkeit – Sackgasse oder zukunftsweisende Integration?, HIBA, Heidelberg 1990

Recht schnell wurde mir klar, dass dieser in der Unternehmens- und Projektberatung angesiedelte Job eigentlich mein Traumjob war.[44]

Ich hörte zwar, dass auf derartige Stellen für gewöhnlich Diplom-Pädagogen, Lehrer, Sozialwissenschaftler und Ingenieure eingestellt wurden, ließ mich aber davon nicht bange machen. Letztlich, so sagte ich mir, passt mein Beruf als Diplom-Ökonom doch ganz ausgezeichnet zu solch einer Art Tätigkeit.

Zu jener Zeit las ich denn auch „zufällig", in der „Rheinischen Post", daß ein solcher „Projektentwickler/Projektberater" von einem großen Wohlfahrtsverband gesucht wurde.

Ich bewarb mich dort auch umgehend – und siehe da – als ich am Wochenende darauf – also nach dem Vorstellungsgespräch dort, meine Post durchsah, da sah ich eine Stellenzusage, allerdings auf 2 ½ Jahre befristet und relativ gering bezahlt (damals BAT Vb). Ich sagte dennoch zu – denn ich hatte wider Erwarten einen Traumjob gefunden, so wollte ich es wenigstens zu Beginn noch sehen. Tatsächlich hatte ich ein Jahr lang sehr zu kämpfen auf dieser Stelle, angesichts der doch recht hohen Erwartungen an diese Position. Nachdem 1 ½ Jahre vorbei waren, konnte ich tatsächlich sagen, dass diese Stelle einen Traumjob darstellte, mit dem großen Manko aller-

---

[44] Vgl. z.B. Harald Bischoff/Diethelm Damm: Arbeitsplätze selber schaffen, finanzieren und behalten, Biederstein Vlg., München 1985

dings, dass sie furchtbar schlecht bezahlt wurde. Nach kurzer Einarbeitungszeit, begann ich bereits bestehende Beschäftigungsprojekte zu beraten und neue – soweit möglich – mit zu entwickeln.

Die zu beratenden Projekte waren z.b. die Ökobau gGmbH, Köln, das Umweltzentrum Köln-West, das DRK-Bildungshaus Umwelt und Gesundheit in Borken, ein Bioladen als Ausbildungsprojekt des DRK in Bocholt sowie das IB Beschäftigungsprojekt Kloster Knechtsteden in Dormagen.

Ich schusterte mein Fachwissen auch dem DRK-IB-Arbeitskreis „Arbeitslosigkeit" zu[45] – und beriet auch die Gründung einer DRK-Beschäftigungs gGmbH in Borken.

Auch wurde ich vom Düsseldorfer Abteilungsleiter des dortigen DRK-Landesverbandes in eine Re-Organisations-Kommission des ganzen Landesverbandes entsandt. Dort setzte ich dann gegen meinen unerträglich mobbenden Referatsleiter durch, dass dessen Wirkungskreis erheblich verkleinert wurde, denn seine Personalzuständigkeit überstieg bei weitem die aus Sicht der Organisations- bzw. Leitungsspanne „gesunde" Zahl an unterstellten Mitarbeitern.[46]

---

[45] Michael Heinen-Anders (Hg.): Vereins- und gemeinnützigkeitsrechtliche Fragen zu Arbeitslosenprojekten, DRK-IB-Arbeitskreis „Arbeitslosigkeit", Bonn 1991
[46] Vgl. Hans-Jürgen Schmidt: Betriebswirtschaftslehre und Verwaltungsmanagement, 7. Auflage, UTB/Facultas Verlags- und Buchhandels Ag, Wien 2009, S. 235 – 236 (Es kann davon ausgegangen

Nachdem mir auch die tariflich nach 1 ½ Jahren zu-stehende Höhergruppierung versagt wurde, entschloss ich mich nach einer besser bezahlten Stelle Ausschau zu halten.

Als die zeitliche Befristung des Arbeitsvertrages als Pro-jektentwickler/Projektberater nahezu verstrichen war, erhielt ich den Tipp eines befreundeten Mitarbeiters aus dem DRK KV Borken, dass eine weitaus besser bezahlte Stelle im Regionalsekretariat für den Teilkreis Borken, mit Dienstsitz in Gronau/Westfalen frei sei. Anstellungs-träger war die Wirtschaftsförderungsgesellschaft für den Kreis Borken, mit Sitz in Ahaus. Wiederum war die Stelle befristet (auf 10 Monate) aber deutlich besser bezahlt (damals BAT III).

Ich bewarb mich dort und wurde auf Anraten eines Mit-arbeiters des Regionalsekretariates denn auch einge-stellt, denn er kannte meine kenntnisreiche Arbeit aus gelegentlichen Treffen, etwa bei der Interessenvertre-tung des DRK KV Borken gegenüber dem Versorgungs-amt Münster.

Zuständig wurde ich für die Beratung und Abwicklung sowohl des Europäischen Sozialfonds, als auch des Euro-päischen Fonds für Regionale Entwicklung in dem von

---

werden, „dass einem Referatsleiter 4 bis maximal 10 Mitarbeiter (…) zugeordnet werden können", Ebendort, S. 236)

der Landesregierung und der EU damals geförderten Regionalsekretariat[47] für den Teilkreis Borken.

Eine aufregende und anregende Zeit begann nun.

Doch mit Ablauf der Befristung war ich schnell wieder arbeitslos und mußte, mit den nun gewonnenen Erfahrungen sehen, wie ich meine Haut am Markte am besten verkaufte bzw. doch noch einen weiteren Traumjob einheimsen konnte.

Nun folgte eine längere Phase der Arbeitslosigkeit, die ich aber gut zu nutzen verstand.

Auch jetzt überlegte ich wieder, was denn wohl unter den derzeitigen Umständen, mein Traumjob sein könnte. Und siehe da, ich kam auf die Sozial-, Schuldner- und Arbeitslosenberatung.[48] Eine solche Anlaufstelle hatte ich im Rahmen meiner beiden vorherigen Stellen wiederholt besuchen können, musste aber erfahren, dass es solche Stellen in der Regel nur als befristete ABM-Stelle gab. Da ich bereits ein halbes Jahr arbeitslos war, kam

---

[47] Vgl. z.B. Uwe Kremer/Ralf Löckener: Regionalisierte Strukturpolitik in Nordrhein-Westfalen. Konzeption, Umsetzung und Perspektiven der Weiterentwicklung. In: Astrid Ziegler/Hans Gabriel/Rainer Hoffmann (Hg): Regionalisierung der Strukturpolitik, Vlg. Schüren/Hans-Böckler-Stiftung, Marburg 1995
[48] Vgl. dazu z.B. (aus heutiger Sicht): DGB/BAG-SB (Hg.): Wege aus dem Schulden-Dschungel. Anleitung zur Selbsthilfe, Bund-Vlg., Köln 1994 und Verbraucherzentrale (Hg.): Weg mit den Schulden!, Verbraucher-Zentrale NRW e.V., Düsseldorf 1999 sowie Harald Thomé: Leitfaden Alg II/Sozialhilfe von A – Z, 30. Auflage, Verlag DVS, Frankfurt a.M. 2019

ich für solch eine ABM-Stelle durchaus in Frage. Ich benötigte nur noch die Zuweisung des Arbeitsvermittlers der (damals noch) Bundesanstalt für Arbeit. Diese Zuweisung erhielt ich denn auch für eine auf 11 Monate befristete Stelle im Vingster Treff in Köln-Vingst.

Ich besichtigte die Einrichtung, wurde auch bald schon zu einem Vorstellungsgespräch eingeladen und erhielt diese Stelle (dotiert mit damals BAT IVb).

Die praktische Arbeit spielte sich überwiegend in den Beratungsbüros ab. Lange Reihen arbeitsloser Menschen, darunter eine erklecklich hohe Gruppe Migranten baten um Rat und Hilfe. Ich persönlich formulierte denn für sie Eingaben bzw. Anträge an das Sozialamt und Arbeitsamt Köln. Nebenher übte ich mich erstmals in den Grundzügen der Schuldnerberatung, in der ich sehr viel später mein eigentliches Tätigkeitsfeld finden sollte.

Aber auch diese Stelle, die mir sehr gut gefiel, fand mit dem Ablauf ihrer Befristung ihr Ende.

Dazu kam noch der Umzug von Köln nach Troisdorf, so dass sich mein Freundes- und Bekanntenkreis doch sehr änderte.

Ich begann dann einige Zeit später eine einjährige Fortbildung im Non-Profit-Management bzw. Sozialmanagement, wobei ein dreimonatiges Praktikum beim anthroposophischen Verein Maßstab e.V. in Köln mich wieder mit der Schuldnerberatung in Berührung brachte.

In die Zeit der damaligen gesellschaftlichen Umbrüche fiel nicht nur die erstmalige Bundesregierung aus SPD und Bündnisgrünen, sondern in Köln auch die Nominierung des damaligen Oberstadtdirektors Heugel für den Posten des Oberbürgermeisters in Köln.

Und so kam es dazu, dass über die Stadt Köln, Amt für Stadtentwicklungsplanung eine zweijährige Stelle als Beschäftigungsförderer im Low-Tech-Bereich ausgeschrieben wurde.

Ich bewarb mich dort, und wurde zu meiner Überraschung auch als wissenschaftlicher Mitarbeiter dort eingestellt (damalige Dotierung (80 % von BAT II).

Auch nach dem Rückzug des OB-Kandidaten Heugel vom Wahlkampf[49] und vom neu zu vergebenden Amt des hauptamtlichen OB der Stadt Köln, blieb mir diese Stelle erhalten.

Ich begann mit einem eher etwas allgemeinen Konzept für die Eingliederung gering gebildeter Arbeitsloser, sodann mit einem Konzept für den Call-Center-Betrieb der Stadt Köln sowie mit einer Auswertung der DELPHI-Studie des Fraunhofer-Instituts zu künftig zu erwartenden technischen Neuerungen, lieferte Beiträge für einen Mittelstandswettbewerb und endete schließlich mit einem Konzept für eine neu zu vergebende Fahrradstation in Köln am Hauptbahnhof.

---

[49] Vgl. dazu z.B. Klaus Ronneberger/Stephan Lanz/Walther Jahn: Die Stadt als Beute, Dietz TB, Bonn 1999

Dies alles lieferte mir grundlegende Einblicke in die städtische Politik, führte aber nicht zu einem Posten auf Lebenszeit. Denn im städtischen Haushalt wurde am Personal gespart. Wegen Ruhestandseintritt offene Stellen wurden nicht wieder besetzt, was in der städtischen Politik für eine regelrechte Lähmung sorgte.

Zwar hätte ich in dieser Zeit eine Stelle im Sozialamt der Stadt Köln, zuständig für Obdachlose in Köln haben können, doch dies traute ich mir – zu meinem späteren Leidwesen – damals noch nicht zu.

Somit wurde ich im Jahre 2000 wieder arbeitslos – und meine Perspektiven waren sehr begrenzt. Nach einem halben Jahr in einer Fortbildungsmaßnahme für das Personalmanagement (in Düsseldorf), erhielt ich glücklicherweise von einer Bekannten den Hinweis, es sei eine Stelle als Schuldnerberater für den Caritasverband Köln zu vergeben.

Dort bewarb ich mich denn auch, und wurde tatsächlich auch eingestellt. Allerdings handelte es sich nur um eine Vertretungsstelle auf 1 ½ Jahre befristet (damals vergütet mit BAT IVb AVR). Nach kurzer Einarbeitungszeit begann ich also meine Tätigkeit in der Sozialberatung für Schuldner, die durchaus recht anspruchsvoll war.[50]

---

[50] Vgl. dazu z.B. Groth/Hornung/Maltry/Richter/Zimmermann/Zipf: Praxishandbuch Schuldnerberatung, 2 Bände, Luchterhand Vlg., Neuwied 2008

Nach unzähligen Intrigen gegen meine Person, man könnte es auch Mobbing[51] nennen, war zum Ablauf der Stelle klar, dass es keine Weiterbeschäftigung dort geben würde.

Die folgende Zeit gestaltete sich recht schwierig. Zwar fand ich eine ¾ Stelle in der IB-Schuldnerberatungsstelle Frechen – die ich bald schon wieder los war, wegen Stellenstreichungen -, doch kulminierte gerade meine Ehekrise. Meine Gattin hatte einen anderen Liebhaber und sie verlangte von mir aus der gemeinsamen Wohnung – die ihrem Bruder gehörte - auszuziehen. Zudem wollte sie sich scheiden lassen.

Also war es an Karfreitag des Jahres 2003 soweit, ich packte meine Siebensachen und zog wieder zurück nach Köln.

Langzeitarbeitslosigkeit und Leidenszeit

Die Arbeitslosigkeit gegen die ich angefochten hatte, holte mich nun ein.

Im Jahr meiner Scheidung 2005 wurden die grundrechtswidrigen[52] Hartz IV-Gesetze wirksam, welche von

---

[51] Vgl. Trude Ausfelder: Mobbing, Heyne TB, München 2001 sowie Heinz Leymann: Mobbing, Rowohlt TB, Reinbek b. Hamburg 1993
[52] Vgl. Philipp Siedenburg: Die Verfassungswidrigkeit von Sanktionen nach dem SGB II. In: Grundrechte-Report 2016 – Zur Lage der Bürger- und Menschenrechte in Deutschland, S. Fischer TB, Frankfurt a.M. 2016, S. 43 - 47

der SPD unter Minister Wolfgang Clement mit Hilfe von Bündnis90/Die Grünen ohne Widerstand der Gewerkschaften installiert worden waren.

Seither stehen einige Grundrechte, wie die Menschenwürde (Art. 1 GG), das Verbot der Zwangsarbeit und das Recht der freien Berufswahl (Art. 12 GG) nur noch auf dem Papier. Auch das Sozialstaatsgebot nach Art. 20 I GG ist seither nur noch ein Papiertiger.[53]

Die Gnade der reichen oder (aber) armen Geburt, spielt seither wieder die Hauptrolle. „Die (finanzielle) Grundausstattung ist dabei immer ungerecht."[54]

Ich selbst jedenfalls wurde in meiner Langzeitarbeitslosigkeit nur einmal für 11 Monate mit einer ABM-ähnlichen Maßnahme (in der Schuldnerberatung) gestützt.

Nach zwei leichteren Schlaganfällen (sogenannte transitorische ischämische Attacken) und einigen Reha-Maßnahmen wurde ich schließlich im Jahre 2015 frühverrentet. Seither geht es mir besser und ich bin nur noch als Buchautor aktiv.

---

[53] Zur Verfassungsinterpretation vgl. Helmut Fangmann/Michael Blank/Ulrich Hammer: Grundgesetz. Basiskommentar, Bund-Vlg., Köln 1991 (Neuauflage 1996)
[54] Heinz-J. Bontrup/Ralf-M. Marquardt: Volkswirtschaftslehre aus orthodoxer und heterodoxer Sicht. Eine Einführung, De Gruyter Vlg./Oldenbourg Vlg., Berlin – Boston 2021, S. 374. Vgl. auch Julia Friedrichs: Wir Erben – Was Geld mit Menschen macht, Berlin Vlg., Berlin 2015

Autobiographische Notiz:

Michael Heinen-Anders wurde am 25.02.1960 in Köln geboren. Er studierte an der Bergischen Universität Wuppertal Wirtschafts- und Sozialwissenschaften.
1989 schloss er das Studium als Diplom-Ökonom ab.
Michael Heinen-Anders trat 1994 der Anthroposophischen Gesellschaft, Zweig Köln, bei. Seit 2012 ist er gleichfalls Mitglied der Freien Hochschule für Geisteswissenschaft.
Er veröffentlichte zahlreiche literarische, essayistische und wissenschaftliche Schriften, darunter „Aus anthroposophischen Zusammenhängen", BoD, Norderstedt 2010 und „Aus anthroposophischen Zusammenhängen Band II", BoD, Norderstedt 2018.
Michael Heinen-Anders lebt in Köln, ist geschieden und hat zwei erwachsene Töchter.